Ludovic de Contenson

Les Sociétés de secours mutuels

Étude

ISBN : 978-1723536335

10 9 8 7 6 5 4 3 2 1

Ludovic de Contenson

Les Sociétés de secours mutuels

Étude

Table de Matières

Introduction

Il est une question naissante : celle des sociétés de secours mutuels, bien que, sous d'autres noms, elles existent en réalité dans notre pays depuis le moyen âge et que, plus récemment, il y a un demi-siècle, elles aient obtenu une reconnaissance légale. Mais, naguère encore, l'idée d'association, si violemment combattue par la Révolution, était suspecte à la fois aux gouvernements pour son caractère libéral et au public comme un symptôme précurseur de l'émancipation ouvrière. Sur le terrain mutualiste, comme sur d'autres, elle n'était pas capable de donner les fruits qu'on était en droit d'en attendre. Il a fallu que, dans ces dernières années, sous la pression d'événements plus forts que les principes, l'heure sonnât à la fois pour tous les modes de l'association économique. Les sociétés de secours mutuels ont participé au mouvement général dans des proportions particulièrement intéressantes et la loi du 1ᵉʳ avril 1898, qui les concerne, a définitivement orienté un courant d'opinion dont l'intensité va chaque jour croissant. D'où vient cet engouement qui a déjà donné naissance à un certain nombre de ligues ayant pour mission de développer les œuvres de mutualité et de prévoyance ? Pourquoi d'autres ligues, qui n'avaient pas d'abord en vue la propagande mutualiste et qui semblaient notamment, pour ne citer qu'un exemple, se confiner de préférence dans les questions pédagogiques, ont-elles pris tout à coup cette cause en main avec une ardeur qu'on peut bien qualifier de passionnée, car elles y ont mis une énergie qu'on n'apporte ordinairement que sur le terrain politique ou religieux ? D'autre part, il est peu d'exemples d'une œuvre humanitaire, si belle soit-elle, qui, sollicitant les efforts de chacun et comportant l'adhésion de tous les partis, obtienne secours et subventions de l'État sans distinction d'opinions chez les bénéficiaires. Il est permis de supposer qu'en dehors de la vertu propre de l'institution, il en est, parmi ses promoteurs, qui fondent sur elle de secrets espoirs ; et nous sommes loin de déplorer ce calcul intéressé si l'œuvre, excellente en soi, doit tirer profit de cette émulation, et si le développement doit ensuite s'en effectuer dans une orientation rationnelle que le temps et les circonstances se chargeront d'indiquer.

Section I

Ce qui, nous l'avouons, nous met en légère défiance à l'égard, non des sociétés de secours mutuels, mais plutôt de la bruyante campagne que l'on mène autour d'elles, c'est un peu l'emphase coutumière avec laquelle on en célèbre les avantages ; ce sont aussi les tendances, faciles à noter, de quelques-uns de ceux qui s'en occupent. Il semblerait en effet qu'aux œuvres mutualistes, dans la pensée de ceux-ci, soit dévolue la redoutable mission d'être l'application pratique de cette doctrine de la solidarité, mise naguère à la mode, de même que, pour d'autres, les œuvres charitables sont elles-mêmes la conclusion logique et effective de la morale chrétienne. La mutualité, selon nos penseurs, c'est la forme scientifique d'altruisme qui doit tenir lieu de dévouement au prochain dans la nouvelle religion qu'on nous promet. Le développement de ses institutions sera l'œuvre pie qui libérera la conscience de ceux qui, par-dessus tout, craignent d'employer le mot de charité chrétienne. Reste à savoir si celle-ci n'a pas marqué, à leur origine, les sociétés de secours mutuels de son empreinte, comme elle l'a fait pour la plupart des œuvres de bienfaisance qui ont déjà une certaine durée derrière elles, car nous verrons, il faut que l'on en prenne son parti, que les sociétés de secours mutuels, historiquement d'origine chrétienne, sont des institutions autant de charité et de bienfaisance que de mutualité.

Il y a donc nécessité à remettre toutes choses au point, d'abord pour ne pas laisser accaparer par un parti, qui n'en a pas la paternité, une œuvre excellente par elle-même, et qui doit appartenir à tout le monde, ensuite pour étudier l'orientation vraiment pratique et féconde à donner au mouvement mutualiste. Le mot mutualité, d'ailleurs, est encore un terme vague pour beaucoup. Dans les harangues officielles et dans la presse on en célèbre les bienfaits sans préciser souvent sous quelle forme il est loisible aux institutions mutualistes de s'exercer. Ce qui n'empêche que l'on voit aujourd'hui se créer le plus fréquemment des sociétés de secours mutuels dont les membres pensent de même sur les questions politiques ou religieuses qui nous divisent : travail de classement tellement naturel et conforme aux tendances de l'esprit public dans notre pays qu'il est accompli presque inconsciemment par les divers partis ; mais chacun se garderait bien d'en convenir, puisque dans les statuts-modèles donnés par le ministère de l'Intérieur est écrite la phrase sacramentelle : « Toute discussion politique ou religieuse, ou étrangère au but de la société, est interdite dans les réunions du Conseil et de l'Assemblée générale, » formule vaine et quelque peu hypocrite, mais qu'il serait cependant dangereux de supprimer.

Une loi et des décrets de date récente ont donné un nouvel essor aux sociétés de secours mutuels, essor quelque peu désordonné pour des causes que nous nous réservons d'étudier, mais d'ailleurs si réel qu'il a eu pour premier effet de n'amener dans cette question que chaos et confusion. Combien de candidats aux dernières élections législatives ont inscrit en tête de leur boniment électoral la mutualité comme le grand remède à toutes les misères sociales ! C'est la mutualité qui doit protéger le travailleur contre la maladie, l'invalidité et même le chômage ! Elle assurera l'existence de sa veuve et de ses orphelins ! Elle résoudra, affirme-t-on un peu fort, le problème des retraites ouvrières, ce qui est bientôt dit, mais demeure un moyen commode de ne pas serrer de près la question, et pour cause. La mutualité répond à toutes les demandes indiscrètes : c'est la panacée universelle. Dans une de ces agapes dont sont coutumiers les mutualistes, M. Léon Bourgeois s'écriait dernièrement : « Qu'elles (les sociétés de secours mutuels) se multiplient, s'unissent et se soudent étroitement, qu'elles soient ainsi l'assise de la société nouvelle, comme elles sont dès maintenant le symbole de l'union qui doit y régner. C'est à vous, mutualistes, qu'appartient le lendemain, etc. » De son côté, dans une fête de société de secours mutuels, parlant des progrès accomplis dans ces derniers temps, M. Waldeck-Rousseau, alors président du Conseil, ajoutait : « Si l'on réfléchit que ce résultat a été conquis en moins de trente années, on a le droit de dire sans témérité que la mutualité aura, dans l'ordre social, accompli une révolution pacifique, la plus féconde qu'aient jamais enregistrée les annales d'un peuple. » (*Applaudissements prolongés.*) Ceci est évidemment la partie hyperbolique de rigueur dans toute harangue officielle, et il faut pardonner ce passage à celui qui fit voter la loi de 1884 sur les syndicats professionnels, institution qui nous semble avoir une portée sociale autrement grande que les sociétés de secours mutuels.

D'autres hommes politiques, et non des moins en vue, se sont faits les apôtres de la nouvelle religion. Dire que celle-ci sera la base de la société nouvelle, d'autant qu'on ne semble habituellement viser que les sociétés de secours mutuels, alors que, dans la mutualité, on doit comprendre tant déformes ingénieuses de coopération, de caisses de crédit et d'assurances, cela peut paraître excessif. Avant de se prononcer, sans doute serait-il à propos d'examiner ce que sont au juste nos sociétés de secours mutuels, dont trop de gens parlent sans en avoir étudié les principes ni le fonctionnement, d'ailleurs quelquefois compliqué.

Rappelons d'abord, non pour combattre le courant actuel des idées, mais pour noter des opinions encore récentes, que la mutualité est loin d'avoir toujours joui d'une telle faveur. On connaît trop l'article 2, si souvent cité, de la loi du 14 juin 1791 interdisant aux citoyens d'un même état ou profession de se réunir pour délibérer sur leurs « prétendus intérêts communs » Ainsi l'Assemblée constituante, dont la législation a été sans cesse imprégnée de l'idée abstraite de lutte, repoussait, il y a cent ans, une organisation rationnelle et pratique du travail ; mais on sait moins que le vote de ce décret fut amené par les pétitions que, depuis plusieurs mois, les corps de métiers, charpentiers, maçons, serruriers, imprimeurs, faisaient parvenir à l'Assemblée afin qu'il leur fût permis de se réunir pour procurer des secours à leurs camarades malades ou sans travail. Les pétitionnaires s'étaient d'abord adressés à la municipalité parisienne, qui leur avait donné gain de cause. Mais, dans le rapport qui précéda le texte du projet de loi, le député Le Chapelier écrivit ce qui suit : « Les assemblées dont il s'agit ont présenté, pour obtenir l'autorisation de la municipalité, des motifs spécieux. Elles se sont dites destinées à procurer des secours aux ouvriers de même profession malades ou sans travail. Ces caisses de secours ont paru utiles, mais qu'on ne se méprenne pas sur cette assertion : c'est à la Nation, c'est aux officiers publics en son nom, à fournir des travaux à ceux qui en ont besoin pour leur existence, et des secours aux infirmes. Les distributions particulières de secours, lorsqu'elles ne sont pas dangereuses par leur mauvaise administration, tendent au moins à faire renaître les corporations. Elles exigent la réunion fréquente des individus d'une même profession, la nomination de syndics et autres officiers, la formation de règlements, l'exclusion de ceux qui ne se soumettraient pas à ces règlements : c'est ainsi que renaîtraient les privilèges, les maîtrises, etc., etc. »

Dans le débordement de discours sentimentaux, philanthropiques et humanitaires des hommes de la Révolution il n'est pas fait une fois allusion aux avantages de la mutualité. Depuis lors l'Assemblée constituante a passé, puis la Convention et encore beaucoup d'autres régimes. La Nation, qui devait donner aux citoyens travail et nourriture, n'a pas tenu ses promesses ; et voici que les hommes d'aujourd'hui qui se réclament à tout propos des grands ancêtres semblent oublier la doctrine de ces derniers sur ce point comme sur tant d'autres. Il faut donc croire que la Révolution a commis alors une colossale erreur dont, de parti pris, on a mis un siècle à s'apercevoir. Cependant la mutualité, proscrite par la Constituante, devait avoir du bon, puisque, maintenant, c'est plus qu'un retour en arrière, ou une simple réaction, c'est une véritable poussée qui semble entraîner, mêlés avec les libéraux, des hommes considérés comme les héritiers de la doctrine jacobine. Il est vrai que les uns et les autres, individualistes chacun à leur manière, peuvent chercher dans les mutualités, même professionnelles, un moyen d'échapper à l'organisation du travail.

Au surplus, ce qu'il est intéressant d'examiner, c'est si la société de secours mutuels, telle que la législation la comporte aujourd'hui en France, est une institution d'une véritable portée sociale, ou une simple combinaison financière de prévoyance. Dans ce dernier cas, elle nous intéresserait moins : nous avons les compagnies d'assurances qui remplissent une notable partie des objets poursuivis par les mutualités et qui se tirent fort bien d'affaire. Il pourrait aussi se faire que ce fût une institution économique, il est vrai, mais capable de corroborer puissamment l'efficacité d'un autre genre d'association de plus grande envergure, et cela devient déjà plus curieux à savoir. Mais si, dans l'engouement parfois irréfléchi pour cette œuvre, si, dans cette éclosion spontanée, depuis la loi du 1er avril 1898, d'une quantité importante de sociétés de secours mutuels de toute origine, surgies au hasard sur tous les points du territoire pour des motifs qui souvent n'ont rien d'économique, ni d'humanitaire, mais sont parfois d'ordre politique, religieux ou simplement futile, nous nous efforçons de discerner la direction à donner à un mouvement prenant aujourd'hui l'enfant sur les bancs de l'école, nous aurons, pensons-nous, fait œuvre utile. Il ne suffit pas de pousser à tort et à travers à la multiplication, sans réflexion ni limite, du plus grand nombre possible de sociétés de ce genre, sans s'occuper du lendemain ; sans penser que beaucoup de ces associations ne seront pas viables ; sans songer que les capitaux versés dans leurs caisses, ou, en leur nom, dans les caisses de l'État, resteront improductifs pour les principaux intéressés. Il importe, avant toute chose, d'examiner si ce mouvement n'est pas capable de nuire au développement d'autres institutions parmi lesquelles nous placerons au premier rang les associations professionnelles qui doivent servir de base à l'organisation du travail. Parlant des sociétés de secours mutuels, un spécialiste dans la matière, M. Barberet, écrivait : « Nous ne blâmerions pas cette prévoyance si les ressources de l'ouvrier le permettaient. Mais, s'il verse à la société de secours mutuels, il est incapable de verser une seconde cotisation au syndicat. Et, puisqu'il est prouvé qu'en entreprenant deux choses à la fois, les ouvriers ne peuvent faire prospérer l'une sans négliger l'autre, il devient raisonnable de n'entreprendre que l'œuvre la plus utile. Or, la plus utile, celle dont il faut s'occuper sans relâche, quitte à laisser tomber les autres questions économiques pendantes, c'est l'organisation du travail. »

N'est-il pas audacieux de prétendre que l'avenir est à la mutualité seule, terme vague, système flottant et mal défini dans lequel viendront s'entre-choquer des forces contraires au fur et à mesure que les sociétés de secours mutuels auront restreint leur champ d'action et seront conduites à se faire concurrence les unes aux autres ? C'est en nous efforçant de canaliser les courants mutualistes, comme nous allons essayer de l'indiquer, que nous pourrons arriver à l'agrégation rationnelle des forces sociales de notre pays. L'avenir est à l'association, mais à une association se présentant sous une forme infiniment plus complexe qu'une société de secours mutuels fondée sur des combinaisons économiques et financières, quelque relevé qu'en soit le caractère par les idées de fraternité humaine qui ont présidé à sa fondation Quelle place doit-on donner à la société de secours mutuels dans le nouveau régime d'organisation du travail dont la loi de 1884 sur les syndicats professionnels pourrait être le point de départ ? Tels sont, nous semble-t-il, les termes dans lesquels doit être posé le problème. Alors seulement il sera loisible d'indiquer les moyens de tirer du mouvement mutualiste actuel, assurément désordonné, le meilleur rendement au point de vue de l'effet social utile.

Section II

On sait qu'à la fin du moyen âge la corporation, qui représentait alors la forme de l'organisation du travail, comportait un ensemble de prescriptions d'assistance mutuelle entre ses divers membres [1]. Mais quand, bien avant le XVIIIe siècle, survint la décadence de l'institution, la loi de charité réciproque, qu'avait imprimée le christianisme sur l'ancienne société, disparut-elle pour cela des mœurs ? Bien au contraire. Dans le sein des corporations, ou à côté d'elles, avait germé une autre forme de l'association, celle-ci uniquement pieuse et charitable, la confrérie. Professionnelles ou paroissiales, fréquemment les deux à la fois, les confréries se multiplièrent, sous l'influence du clergé. Le concile d'Avignon, en 1649, prescrivit l'organisation d'une confrérie dans chaque paroisse. Placée sous le vocable d'un saint, chacune avait sa fête patronale, sa bannière, ses banquets, allait aux processions en corps et détenait jalousement ses préséances à l'église. On s'y occupait exclusivement de bienfaisance, d'assistance et de pratiques pieuses. On y payait une cotisation et un droit d'entrée. L'âme de toutes ces organisations, c'était la loi de la charité chrétienne que l'Eglise imposait aux fidèles les uns envers les autres et qui faisait alors un des principaux fondements des rapports sociaux. Ces confréries existaient aussi bien dans les campagnes que dans les villes et déjà l'on y remarquait des membres honoraires, puisqu'il arrivait aux seigneurs d'en faire partie.

Si puissante était la force de cette institution des confréries, telles étaient la vivacité de leur raison d'être et la réalité du besoin auquel elles répondaient, que la Révolution elle-même, malgré tant de prescriptions et de décrets hostiles aux associations, ne put les faire entièrement disparaître. En 1853, un rapport officiel énumérait 43 sociétés de secours mutuels, créées avant la Révolution, et qui n'étaient autres que d'antiques confréries, recrutées parmi des gens de même profession.

Si nous examinons par ordre d'ancienneté les premières sociétés de secours mutuels, nous ne saurions nous arrêter à celle des portefaix de Marseille qui prétend remonter aux Romains. Plus près de nous, on cite, à Lille, des sociétés de secours mutuels qui pourraient produire des titres du XVIe siècle. La plus vieille de celles qui ont date officielle sur l'Annuaire du ministère de l'Intérieur est une société de secours mutuels de Cadillac, dans la Gironde qui, fondée en 1609, a gardé son nom de Confrérie de Saint-Jean. Elle compte aujourd'hui 7 membres honoraires et 110 membres participants.

La Société de secours mutuels de Sainte-Anne, à Paris, remonte à 1694 et portait, à son origine, le titre de « Confrérie et société hospitalière des compagnons menuisiers et habitants du Temple sous l'invocation de sainte Anne. » La Société pano-technique de prévoyance, également encore existante à Paris, date de 1720. C'était une confrérie placée sous l'invocation de Notre-Dame de la Nativité II existait dans la capitale, il y a quelques années, 13 sociétés antérieures à 1799. Il en est qui ont déjà disparu ou se sont fondues dans d'autres. Du moins les anciennes confréries ont-elles l'honneur d'avoir légué aux sociétés qui leur ont succédé le principe et la tradition de la charité chrétienne, qui y trouve encore un terrain suffisant pour se mouvoir à l'aise. Pour témoigner de l'empreinte de la religion dans les sociétés actuelles de secours mutuels, il suffit de noter, dans l'Annuaire de 1902, le nombre encore considérable de celles qui sont désignées sous un nom d'origine pieuse. En 1865, dans la Gironde, la moitié des sociétés était placée sous le vocable d'un saint. A Marseille, c'était la presque totalité : 153 sur 160. En 1899, on trouve encore, dans la Gironde, 254 sociétés avec des dénominations religieuses sur 598 ; à Marseille, 137 sur 318.

Mais la religion catholique ne fut pas seule à mettre en œuvre le principe de la mutualité. Elle fut imitée dans ses confréries par les Israélites qui fondèrent à Bordeaux, dès 1750, la Société de Grémilhout-Hassadin, encore existante, et la Société de Tob-Bacob. Vers 1835, furent instituées à Paris et à Lyon les premières sociétés protestantes de prévoyance et de mutualité.

La franc-maçonnerie a pu passer aussi pendant quelque temps pour une vaste société de secours mutuels par suite de l'habitude qu'avaient certaines loges d'accorder, en cas de maladie, des indemnités à leurs membres. En 1865, 5 sociétés sur 6, dans le ressort de la chambre de commerce de Calais, dépendaient des loges. Une société de la Gironde n'admettait dans son sein que des francs-maçons. Nous examinerons plus loin les conditions politiques et religieuses dans lesquelles se meuvent actuellement les sociétés de secours mutuels, bien que dans les statuts, tout au moins des sociétés approuvées, soit inscrite la défense de soulever toute discussion politique ou religieuse.

Nous avons vu comment les tentatives de reconstitution d'associations mutualistes avaient échoué, le 14 juin 1791, devant l'hostilité de l'Assemblée constituante. Les anciennes confréries, qui avaient subsisté en fraude pendant la période révolutionnaire, se contentèrent, à partir de cette époque, de vivre sous le régime commun aux associations, c'est-à-dire celui des articles 291-292 du Code pénal, avec leurs dispositions et contrôle restrictifs. Telle était dans les régions du pouvoir la peur de voir se reconstituer les corporations qu'en 1806 la police exigea que les sociétés de secours mutuels qui se formaient alors fussent composées d'ouvriers appartenant à des professions différentes. On trouve dans les statuts de certaines sociétés, dans la première moitié du XIXe siècle, une déclaration portant que les membres, « fidèles observateurs de la loi du 14 juin 1791, n'entendaient nullement rappeler, former, ni représenter une corporation, qu'ils ne s'occuperaient que du soulagement de leurs frères. » Mais cet instinct de l'association mutualiste à base professionnelle était tellement passé dans les veines du pays que déjà, dès le début du XIXe siècle, à Bordeaux, tous les corps de métiers se reforment peu à peu en sociétés de secours mutuels. A Lyon, les tisseurs, maçons, charpentiers, cordonniers, jardiniers, portefaix, se réunissent respectivement pour le même objet. A Marseille, un mouvement analogue emporte les classes ouvrières. Le nombre des sociétés, malgré les entraves législatives et administratives, progresse bon an mal an. De 1808 à 1821, 124 sociétés se créent à Paris. En 1822, la Société philanthropique y compte 132 sociétés adhérentes comprenant 10 350 ouvriers réunis en communauté d'épargne et de prévoyance. A Marseille, il y a 34 sociétés en 1820. De 1830 à 1848, 72 sociétés se fondent à Lyon. A Paris, on en compte 234 en 1842, 256 en 1844, 262 en 1845, 341 en 1851. Partout il s'en établit, mais beaucoup disparaissent faute de ressources, par mauvaise administration ou imprévoyance, ou pour avoir embrassé un nombre et une diversité d'objets auxquels il est impossible de suffire.

Il y avait aussi, dans l'opinion publique, la crainte des sociétés secrètes qui portait à confondre parfois celles-ci avec les sociétés de secours mutuels. On redoutait dans toute association un élément de coalition et de grève, et ce sentiment avait bien quelque fondement. Sous prétexte de secours mutuels, plusieurs sociétés, vers le milieu du siècle, se consacrèrent en effet presque exclusivement à la résistance ouvrière et à la défense des intérêts professionnels [2]. Tels les chapeliers-fouleurs de Paris en 1817, les Mutuellistes de Lyon, dont le mouvement pour l'abaissement des tarifs aboutit aux insurrections de 1831 et 1834. Une autre société secrète fut la Société typographique de Paris, qui établit, en 1843, un premier tarif des travaux typographiques et compta 1 200 membres. Les fondeurs en caractères et les imprimeurs en papiers peints créèrent également des caisses secrètes de résistance. En réalité, la grève et la coalition semblaient entrer dans les principales préoccupations de plusieurs associations mutualistes.

En 1848, la question des sociétés de secours mutuels, comme toutes les questions ouvrières, fut mise à l'ordre du jour. La liberté de réunion et d'association, décrétée par l'Assemblée nationale, était favorable à leur développement. Le 15 juillet 1850, fut votée une loi par laquelle les sociétés de secours mutuels purent être reconnues comme établissements d'utilité publique, à la condition de ne pas inscrire dans leurs statuts des-secours en cas de chômage, afin de ne pas favoriser les grèves. Enfin, le décret organique du 26 mars 1852, qui marque dans notre pays le pas décisif dans l'histoire de la mutualité, n'eut pas seulement pour effet de prémunir les sociétés contre leurs vices d'organisation intérieure, mais, en leur assurant la personnalité civile, des subventions et une protection de l'Etat, il ouvrait devant elles tout un nouvel avenir. Le décret-loi débutait ainsi :

« ARTICLE PREMIER. — Une société de secours mutuels' sera créée par les soins du maire et du curé dans chacune des communes où l'utilité en sera reconnue. Cette utilité sera déclarée par le préfet après avoir pris l'avis du Conseil municipal.

ARTICLE 2. — Ces sociétés se composent d'associés participants et de membres honoraires. Ceux-ci payent les cotisations fixées ou font des dons à l'association sans participer aux bénéfices des statuts. »

Une innovation du décret consistait dans la création d'une Commission supérieure chargée de provoquer et d'encourager la fondation et le développement des sociétés de secours mutuels. Cette Commission devait présenter au chef de l'Etat un rapport annuel sur la situation des sociétés et lui soumettre les propositions ayant pour but de développer et de perfectionner l'institution.

Le décret organique de 1852 posa la base de toutes les dispositions actuellement en vigueur. Il codifia et régularisa les usages assez épars concernant la matière, usages qui variaient selon les sociétés et les régions. Les associations furent gardées d'assez près en tutelle ; en tous cas, elles pouvaient à l'occasion revêtir le caractère professionnel et l'Etat n'en prenait plus ombrage. On avait marché depuis la loi Le Chapelier !

L'Empire ne cessa pas d'encourager l'institution des sociétés de secours mutuels et la plupart des avantages financiers dont elles jouissent aujourd'hui prennent leur origine à cette époque. Le décret du 22 janvier 1852 avait décidé qu'une dotation de 10 millions, prise sur les biens de la famille d'Orléans, serait affectée aux sociétés de secours mutuels. Le décret du 26 avril 1856, relatif à la constitution d'un fonds de retraite, imputé sur cette même dotation, compléta cette importante mesure. Ce fut le point de départ de l'essor définitif des sociétés de secours mutuels. Au 31 décembre 1852, on en comptait 2438 avec 263 554 membres. Elles n'ont cessé depuis lors de progresser d'une façon constante. En 1897, à la veille de la loi qui les régit actuellement, elles étaient au nombre de 11 323, comprenant 1 804 592 membres, dont 265 488 membres honoraires.

Section III

La loi du 1er avril 1898 maintint tous les avantages accordés précédemment aux sociétés de secours mutuels et y en ajouta d'autres. Mais l'État, en leur concédant ses faveurs pécuniaires, conserva le droit de s'immiscer dans la gestion de leurs finances. Toutefois, par la suppression de nombreuses entraves législatives et administratives, la nouvelle loi constitue une étape importante dans la voie de la liberté et, par l'ensemble de ses dispositions, elle donne, comme on l'a dit, la véritable charte de la mutualité dans notre pays.

L'article 1er en est ainsi conçu :

« Les sociétés de secours mutuels sont des associations de prévoyance qui se proposent d'atteindre un ou plusieurs des buts suivants : assurer à leurs membres participants et à leurs familles des secours en cas de maladie, blessures ou infirmités ; leur constituer des pensions de retraites ; contractera leur profit des assurances individuelles ou collectives en cas de vie, de décès ou d'accidents ; pourvoir aux frais des funérailles et allouer des secours aux ascendants, aux veufs, veuves ou orphelins des membres participants décédés.

« Elles peuvent, en outre, accessoirement, créer au profit de leurs membres des cours professionnels, des offices gratuits de placement et accorder des allocations en cas de chômage, à la condition qu'il soit pourvu à ces trois ordres de dépenses au moyen de cotisations ou de recettes spéciales. »

Les sociétés se composent, comme par le passé, de membres participants et de membres honoraires ; en outre, par une disposition entièrement nouvelle, il peut être établi entre elles, en conservant à chacune son autonomie, des unions ayant pour objet de poursuivre en commun certains buts spéciaux, notamment le règlement des pensions viagères de retraites ; l'organisation d'assurances mutuelles pour risques divers, et le service des placements gratuits.

Les sociétés de secours mutuels se divisent en sociétés libres, approuvées, ou reconnues comme établissements d'utilité publique. Les premières ne sont astreintes qu'au dépôt de leurs statuts à la sous-préfecture, et sont en partie affranchies du contrôle de l'Etat, mais ne profilent pas, comme les autres, de ses subventions, bonifications et allocations, ni des exemptions de certaines taxes. Elles ne peuvent non plus posséder des immeubles. Toutes les faveurs sont réservées aux deux autres catégories de sociétés. L'Etat ne peut d'ailleurs refuser l'approbation que dans des cas déterminés, mais, en retour, les sociétés approuvées doivent effectuer leurs placements dans les caisses d'épargne, à la Caisse des dépôts et consignations, en fonds d'Etat ou en valeurs garanties par l'Etat. Elles peuvent, en outre, pour leurs opérations, utiliser la Caisse nationale des retraites pour la vieillesse.

Nous n'avons nullement l'intention d'examiner la loi actuelle dans ses détails. La chose a déjà été faite. Ce qui est intéressant, c'est d'en étudier les conséquences au double point de vue matériel et social.

Et d'abord les résultats matériels sont déjà des plus encourageants. Certes nous sommes encore loin des *Friendly Societies* anglaises dont l'effectif et le capital, sans parler des caisses des Trade Unions, atteignent le double des chiffres français, mais la progression des sociétés de secours mutuels dans ces dernières années a été telle que, si les circonstances s'y prêtent, on peut entrevoir la possibilité d'arriver à un résultat dépassant celui obtenu en Angleterre.

Prenons le rapport sur les opérations des sociétés de secours mutuels pendant l'année 1900 adressé au Président de la République par le ministre de l'Intérieur le 30 novembre 1902. Tout en regrettant de n'avoir pas un travail se rapportant aux opérations d'une année plus récente, nous y saisissons, malgré l'aridité d'une pareille étude, à travers un millier de pages presque exclusivement couvertes de chiffres, ce que déjà le mécanisme de la mutualité présente d'ingénieux dans nos villes comme dans nos campagnes.

A la fin de 1900, 1e nombre des sociétés libres et approuvées était de 13 991 avec 325 933 membres honoraires et 2 132 544 membres participants, soit 2 458 477 en tout. Ces chiffres accusent, sur 1897, une augmentation de 2036 sociétés et de 653 885 membres. Elle est due aux salutaires effets de la loi de 1898 et aussi au développement de la mutualité scolaire, qui a été poussée dans ces dernières années avec la plus grande énergie. Sans qu'on ait pu vérifier les chiffres aussi minutieusement que pour 1900, on estime qu'en fin d'exercice 1901, les sociétés devaient être au nombre d'environ 15 000, avec 2 750 000 membres. Leur capital monterait à 340 millions de francs. Elles distribuent environ 100 000 pensions avec 8 millions d'arrérages. La moyenne de chaque pension est de 80 francs.

Pour mieux faire ressortir l'accroissement d'importance des sociétés de secours mutuels dans les vingt dernières années, nous avons dressé le tableau suivant par périodes quinquennales.

Années	Nombre de sociétés libres et approuvées	Nombre de membres honoraires et participants	Capital
1881	7 011	1 126 933	98 970 253
1886	8 233	1 292 355	139 282 282
1891	9 414	1 472 285	183 587 949
1896	10 960	1 636 208	248 610 677
1901	15 534 [3]	2 750 000 [4]	340 000 000

L'étude de ces différents chiffres est pleine de promesses. N'oublions pas cependant qu'il y a, en France, 36 000 communes et que, la majorité des associations étant urbaines et d'ailleurs souvent nombreuses dans la même ville, nous sommes loin d'avoir une société par commune rurale. En outre, parmi les membres honoraires, plusieurs versent une cotisation dans plusieurs sociétés et sont comptés le même nombre de fois dans les chiffres ci-dessus. Enfin, l'accroissement, constaté en 1901, dû surtout à la rapide extension des sociétés scolaires, se continuera-t-il ? Après cette vigoureuse poussée qui, des écoles laïques, s'étend maintenant aux écoles libres, il se produira forcément un temps d'arrêt, faute de sujets à enrôler.

Les sociétés de secours mutuels sont de nature et d'importance si variables qu'il semble risqué d'établir des moyennes avec des éléments si différents. Ainsi, à côté de l'Association des artistes dramatiques, qui compte plus de 3 000 membres, avec un fonds de réserve de plus d'un million, de l'Union philanthropique du commerce (plus de 1 800 membres, avec un million et demi de fonds de réserve), de la France prévoyante (plus de 80 000 membres, avec près de cinq millions de fonds de réserve), de la Société des employés et ouvriers du chemin de fer d'Orléans (plus de 12 000 membres, avec plus de trois millions de fonds de réserve), nous trouvons de nombreuses petites sociétés urbaines ou rurales comptant une vingtaine de membres participants, avec un ou deux membres honoraires et quelquefois aucun. Il est vrai que les grandes sociétés de secours mutuels avec fonds de réserve importants, versés à la Caisse des dépôts et consignations, sont plutôt des sociétés de retraites profitant du taux de 4 1/2 pour 100 consenti par l'Etat pour cette destination spéciale.

Afin qu'on se rende compte du rôle et des effets de la mutualité en France dans les circonstances actuelles, nous croyons utile de mettre sous les yeux le tableau suivant extrait du rapport du ministre de l'Intérieur pour l'année 1900, et concernant les sociétés approuvées :

Nombre moyen de membres honoraires par société.	28
— — participants	158
Avoir moyen en fonds libres par société	13 240 fr.
— — par membre participant.	84 fr.
Cotisation moyenne par membre honoraire	11 fr. 57
— — participant	14 fr. 25
(Les enfants dont la cotisation moyenne est de 4 fr. 40 ne sont pas compris.)	
Malades. Proportion pour 100 sociétaires	34 28
Honoraires médicaux par malade	10 fr. 71
Frais pharmaceutiques par malade	14 fr. 88
Journées de malade payées en argent. Nombre moyen par malade	21 52
Indemnités de maladie. Moyenne par malade	29 fr. 62
Dépense totale de maladie. Moyenne par malade	55 fr. 21
Frais funéraires. Frais moyens par membre décédé.	66 fr. 30
Pension moyenne aux vieillards	79 fr. 98
Secours aux veuves et aux orphelins. Moyenne par membre secouru	100 fr. 58

Secours aux vieillards infirmes et incurables	69 fr. 74
Proportion des sociétés approuvées possédant un fonds de retraites	46 76 p. 100

Tels sont les résultats officiels. Notons que l'État, outre l'intérêt de 4 1/2 pour 100 dont il fait profiter les fonds déposés des sociétés, charge qui lui revient à 1 330 933 francs, a alloué, en 1900, des subventions diverses d'un total de 1 492 533 francs aux sociétés ayant effectué des versements à la Caisse des retraites, plus une somme de 340 603 francs affectée aux majorations de retraite, plus 233 384 francs destinés aux sociétés ne constituant pas de pensions de retraite, et qu'il a, en outre, distribué 201 080 francs provenant des fonds prescrits des caisses d'épargne. Les subventions départementales et communales se sont élevées à 736 110 francs ; les dons et legs à 2 811 577 francs.

Le tableau donné ci-dessus porte en lui évidemment beaucoup plus de motifs d'espérance que de résultats acquis en ce qui concerne la solution des divers problèmes. Si les secours aux membres malades sont déjà appréciables et capables d'atténuer bien des besoins, les allocations aux veuves et aux orphelins, aux vieillards, aux infirmes et aux incurables ne sont pas seulement peu élevées, mais elles ne se distribuent qu'en petit nombre et seulement dans quelques sociétés. Quant aux pensions de retraite, le montant en est encore infime, et il ressort de la modestie de tous ces chiffres que nous n'en sommes encore qu'à l'ébauche d'un système économique apte à rendre des services décisifs.

De l'étude statistique qui précède, ce n'est donc pas le rapport encore, hélas ! bien disproportionné entre le remède et le mal que nous voulons retenir ; c'est plutôt la progression extrêmement rapide, dans ces dernières années, des sociétés de secours mutuels et la tendance de l'opinion publique à s'occuper de la question. On y saisit le début d'un mouvement qui, s'il est bien dirigé, peut mener loin. Mais c'est peut-être aller vite en besogne que de chanter déjà victoire, comme le faisait M. le ministre de l'Intérieur dans la conclusion de son rapport de 1901 : « En résumé, disait-il, la mutualité française, qui n'a que cinquante années d'existence régulière, est maintenant sortie de ses limbes et prend un rapide essor. Elle répand ses bienfaits sur tout le pays. En assurant la sécurité aux populations laborieuses, elle consolide l'édifice républicain. Elle se dresse comme une barrière infranchissable devant l'armée du désordre : partisans des régimes déchus, partisans de la révolution sociale. » Outre le tableau, manifestement exagéré, des merveilles accomplies jusqu'à présent par la mutualité dans notre pays, il est permis de sourire de la dernière phrase, d'un effet quelque peu forcé et inattendu.

Section IV

Telles qu'elles sont organisées par la récente législation, les sociétés de secours mutuels ont pour but de protéger contre les conséquences de certaines éventualités définies : maladie, vieillesse, etc., les personnes vivant de leur travail. Ce résultat est obtenu par la constitution d'un capital, propriété indivise de tous, devant servir à soulager ceux qui sont atteints par l'un des risques prévus. Ce capital est alimenté, comme recettes ordinaires, par les cotisations des membres participants et des membres honoraires et par les subventions de l'Etat. Extraordinairement, il s'accroît du produit des amendes, des dons, legs, etc.

La société de secours mutuels, malgré son titre, n'a pas cependant un caractère exclusivement mutualiste. L'admission des membres honoraires, comportant l'acceptation de leurs dons, tend à en faire une combinaison de la prévoyance avec l'assistance. Il y a là une nécessité matérielle. Il ne serait pas possible, en effet, aux sociétés de secours mutuels proprement dites — en entendant par cette expression celles qui cumulent le service des frais de maladie avec celui des pensions de retraite, — de s'occuper de ce dernier objet, si elles ne devaient également compter sur les cotisations des membres honoraires : « En résumé, dit le rapport officiel de 1901 (page 25), il ressort de la statistique générale que les sociétés de secours mutuels proprement dites ont reçu, en 1899, de leurs membres honoraires 2 591 062 fr. 74 et qu'elles ont affecté à leurs fonds collectifs de retraites une somme de 2 703 582 francs. On peut donc conclure de cet exposé que c'est au précieux concours des membres honoraires que sont dus les versements aux fonds de retraites, lesquels ont provoqué les subventions de l'Etat et les intérêts capitalisés de 4 fr. 50 pour 100. »

Ce qui revient à dire que les sociétés de secours mutuels sont incapables, avec les seules cotisations des membres participants, uniques intéressés, de pourvoir à d'autres frais que les indemnités de maladie et l'allocation de quelques secours. Quant aux pensions régulières de retraite, c'est de la munificence des membres honoraires secondée par les bonifications de l'Etat qu'il convient de les attendre.

Voici une observation très importante à retenir au moment où l'on parle d'une loi sur les retraites ouvrières. A moins d'élever les cotisations des membres participants dans une forte proportion, probablement celle du double, la mutualité proprement dite, à elle seule, est incapable de les constituer. Ce seront les membres honoraires, c'est-à-dire le patron et le rentier, aidés par l'Etat, qui s'en chargeront. Pense-t-on, avec des ressources aussi aléatoires, arriver à former l'appoint nécessaire pour une si vaste entreprise ? Toute la question des retraites ouvrières est là, si l'on estime qu'elle doive être résolue par la mutualité. De telles considérations donnent à réfléchir. Aussi même parmi les apôtres les plus ardents de la mutualité, plusieurs sont arrivés à cette conclusion qu'on n'organiserait pas les retraites, si le principe de l'obligation n'était pas inscrit dans la loi. D'après une disposition introduite après coup dans le projet actuellement en discussion à la Chambre des députés, il a été décidé que, le principe de l'obligation établi, on laisserait à l'individu la liberté de faire l'acte de prévoyance comme il l'entendrait : « Permettez-lui de le faire par tous les moyens les plus libres, les plus économiques, les plus à sa portée, les plus conformes à son goût, à son tempérament ; laissez-le surtout pouvoir le faire par les voies de la libre initiative et de l'accord commun avec ceux qui l'entourent, avec la famille élargie, et qu'est-ce que c'est que la famille élargie, sinon la société de secours mutuels [5] ? »

Pourquoi M. Léon Bourgeois s'arrête-t-il en chemin, après avoir abordé un ordre d'idées aussi intéressant ? Dans une autre partie du même discours, il avait représenté la mesure contraignant l'individu à la prévoyance comme un acte en somme parfaitement intéressé de la part de la société : « Un homme qui ne s'est préoccupé du lendemain ni pour lui, ni pour les siens, n'est pas seulement le bourreau de lui-même ; il nuit à tous, puisque, à un moment donné, cet égoïste et ceux auxquels il a donné la vie vont tomber à la charge des autres hommes. » Ainsi, si la société impose l'obligation de la prévoyance, elle est tout simplement dans le cas de légitime défense. Voilà la prévoyance dans toute sa brutalité, telle qu'elle nous est présentée par l'école radicale. Puisque M. Bourgeois, par une pente naturelle qui est la logique des faits, et comme malgré lui, avait fait intervenir incidemment la famille dans le règlement d'une telle question, pourquoi n'en déduit-il pas toutes les conséquences ? Il se trouverait alors dans une certaine mesure d'accord avec M. l'abbé Lemire, qui, dans son projet de loi sur les retraites ouvrières, fait découler le principe de l'obligation du vieux précepte du Décalogue :

Tes père et mère honoreras

Afin de vivre longuement.

Ce précepte, dit-il, « n'est pas seulement un impératif moral, il est aussi une loi sociale. Il établit ce qu'il faut faire, et il indique ce qui sera, ce qui doit être, ce qui résultera de son observation dans la communauté humaine. On vivra longuement, c'est-à-dire que, par une sorte de compensation et de réciprocité, on ne sera point privé de ce qui prolonge la vie, si on a honoré son père et sa mère. Par « honorer » il faut entendre autre chose que de donner de vains témoignages de respect : il faut entendre ce qui a toujours été compris dans l'hommage familial, à savoir la considération pour la dignité et le tribut pour le besoin. » Alors, en effet, la question devient tout autre. L'organisation de la retraite n'est plus un acte d'égoïsme de la part de la société, c'est l'exécution d'un devoir familial. On doit travailler pour les vieux, en vertu du précepte du Décalogue ; ceci est net et précis. Ainsi on aura, vis-à-vis de ses descendants, une créance semblable à celle qu'on aura acquittée vis-à-vis de ses ascendants. Arriverait-on à remanier notre système mutualiste, de façon à y introduire une application plus ou moins étendue d'un tel principe ? Cela n'est pas douteux, si, comme nous l'indiquons plus loin, on organise les sociétés de secours mutuels sur la base professionnelle, la profession devant être considérée comme une extension plus ou moins largement comprise de la famille.

Quel que soit le principe sur lequel on s'appuie pour conclure à l'utilité ou à la nécessité d'organiser les retraites dans les sociétés de secours mutuels, il est certain qu'aujourd'hui, pour arriver à ce but, le concours des membres honoraires est matériellement indispensable. Mais cette institution prête le flanc à la critique de l'école collectiviste, ennemie, dit-elle, de l'aumône, « qui humilie celui qui la reçoit. » Nous touchons là à ce qui pourrait bien être un jour une pierre d'achoppement pour la législation actuelle sur les sociétés de secours mutuels. Il faudrait d'abord s'entendre sur la signification du mot aumône. Aujourd'hui, il est vrai, c'est une expression désobligeante. Elle a perdu le sens qu'elle avait autrefois. On entendait jadis par aumônes des largesses considérables que les lois de l'Église imposaient aux riches de prélever sur leur superflu pour subvenir à des fondations charitables ou à la construction de monuments pieux. Maintenant l'aumône semble réservée aux individus qui pratiquent la mendicité. Donc, question de quantité. Quand la largesse dépasse la valeur de quelques centimes, elle devient subvention, allocation, secours, cotisation, don, etc. Du caractère habituel d'exiguïté de l'aumône semble surtout découler le caractère humiliant qui, autant et plus que son origine chrétienne, la fait exclure du nouveau vocabulaire laïque et c'est pourquoi l'on se sert maintenant de cette expression comme d'une injure. Abandonnons donc, si l'on veut, ce mot dont la signification, comme celle de tant d'autres, a évolué avec le temps. Laissons même de côté celui de charité, qui offense au même titre les oreilles superbes de nos radicaux, mot d'un sens d'ailleurs admirable quand on sait le comprendre, alors que sur un tel principe s'édifie comme d'elle-même toute une loi de fraternité et d'amour entre les hommes, organisation complète et décisive de justice sociale. Pour employer une expression banale qui signifie beaucoup moins, — et telle est peut-être la cause de son succès, — disons que le membre honoraire fait simplement acte de bienfaisance.

La société de secours mutuels, objecte donc certaine école socialiste, doit constituer un contrat. Les avantages qu'elle offre ne sont que la satisfaction des droits que chacun acquiert par le versement de sa cotisation. Si le membre honoraire entend faire une libéralité, l'institution, telle qu'elle devient alors, n'est plus admissible, car ceux qui y exercent l'assistance ou la bienfaisance selon leur fantaisie y représentent l'autorité et l'inégalité. Le caractère de la mutualité proprement dite, sans l'adjonction de membres honoraires, est défini dans les lignes suivantes par M. Jules Désirée, député socialiste au parlement belge, quand il parle de « la mutualité, obligeant à un peu de prévoyance, manifestation effective d'affection pour la femme et les enfants, qui interviendra aux mauvais jours pour atténuer la maladie ou l'accident, conjuration de fléaux véritables, intervention dont la valeur morale est de ne dépendre d'aucune charité, d'être une libre assistance promise entre égaux [6]. » L'école dont il s'agit a raison à son point de vue. La société de secours mutuels, telle qu'elle résulte de la législation actuelle, n'est que la combinaison d'une assurance mutuelle avec une organisation de bienfaisance. Il y a dans son sein deux catégories d'individus : d'abord les membres participants, contractants qui donnent, mais à la condition de recevoir ; ensuite les membres honoraires, qui distribuent bénévolement des largesses, mais sans rien accepter en retour, et ne sont mus que par un sentiment de charité ou de philanthropie, comme l'on voudra, le mot important peu à la chose. Il suffit de savoir que, dans ce cas, il y a absence de contrat. Ajoutons que les membres honoraires, étant éligibles aux fonctions du bureau, peuvent donner non seulement leur argent, mais leur temps et leur peine, toujours à titre gratuit.

Le caractère de la cotisation du membre honoraire serait tout autre, si celle-ci, au lieu d'être un acte de bienfaisance ne comportant aucun rapport contractuel, devenait, par exemple, une clause additionnelle d'un contrat de salaire. Mais nous n'en sommes pas là. Pour arriver à un tel résultat, il faudrait une organisation du travail que nous ne possédons pas encore et dont l'un des premiers articles consisterait dans la création de sociétés de secours mutuels professionnelles.

Il convient de remettre les choses au point. La société de secours mutuels, telle que nous la connaissons, n'est pas la vraie mutualité, en dépit de son nom, — d'ailleurs quelque peu pédant et qui nous fait regretter la dénomination touchante de confrérie, — puisque, à côté des contractants, il y a des bienfaiteurs sans contrat. Elle est fondée sur la reconnaissance de classes sociales dont le principe de classification serait strictement l'inégalité de fortune. Voilà ce qu'il faut répondre à ceux qui, au moyen d'une logomachie spéciale, entretiennent les malentendus et s'en vont prôner l'égalité pour tous, alors que, dans les institutions qui leur sont chères, — quelquefois parce qu'elles leur sont utiles, — cette égalité est visiblement détruite. Quelle est la conséquence d'une pareille situation ? C'est qu'elle tend à substituer à une organisation entre individus une aide de classe à classe. Comment admettre, en considérant l'organisation légale des sociétés de secours mutuels, qu'il n'y a plus ni bourgeois, ni prolétaires ? On y donne un état civil à la classe bourgeoise. Les travailleurs, au lieu de solliciter des secours de la munificence des membres honoraires au nom d'un vague principe de solidarité, — qui ne serait en réalité qu'une solidarité de classe, — préféreraient peut-être qu'on leur reconnût, au nom de la justice sociale, un simple droit à des subventions de l'Etat.

Nous devons constater le bien-fondé d'une pareille critique de la part de ceux qui nient de prime abord l'existence entre les hommes de devoirs d'origine supérieure. D'autres, au contraire, sont fort à l'aise pour essayer de tirer parti, sans la rejeter, de la législation actuelle, qui reste, sans que l'on semble s'en douter, encore profondément imprégnée d'esprit chrétien et n'a pas renié ses origines historiques. Partant de là, ceux-ci aimeront à répéter que, dans l'usine, dans le métier, où les ouvriers auront fondé une société de secours mutuels, la place du patron est indiquée comme membre honoraire. Dans le village, où métayers, vignerons et journaliers se seront associés de la même façon, ce sera également un devoir social pour le propriétaire de leur apporter une contribution en rapport avec sa situation. Mais l'acte ne devra pas se borner à un don en argent concédé à époques fixes : nous estimons que, dans bien des circonstances, à la campagne notamment où la population est moins familiarisée avec les difficultés d'une gestion administrative et financière, le membre honoraire ne devra pas se dérober s'il est convié au travail du bureau, et qu'il lui appartient, au contraire, d'aider ses collègues participants dans la mesure de ses moyens. C'est en montrant qu'on prend à cœur les intérêts du plus grand nombre par goût et d'une façon permanente, non par fantaisie et caprice, qu'on fait tomber la défiance autour de soi. Qu'on veuille le remarquer, le bienfait en argent seul est peu estimé, et il y a à cela de justes raisons ; ce qui touche vraiment les cœurs, c'est le don de soi-même.

D'ailleurs, et ceci est un point important, l'admission des membres honoraires dans les sociétés de secours mutuels semble acceptée jusqu'à présent par la démocratie. Combien cela durera-t-il de temps ? Jusqu'à quand vivra-t-on sur de tels errements sans éveiller l'amour-propre ombrageux de certains bénéficiaires, sans s'attirer l'anathème des logiciens ? Nous n'oserions le prévoir. A côté du profit matériel, n'oublions pas les avantages moraux que retirent des sociétés de secours mutuels les membres participants. Amenés, dans leurs réunions, à discuter librement leurs intérêts et à s'occuper de questions d'administration un peu compliquées, ils ne peuvent que gagner à étendre ainsi leur expérience et leur pratique des affaires. Ils acquièrent de plus en plus, à un tel usage, des idées d'ordre, d'épargne et de prévoyance qui sont une garantie de sécurité pour la famille, de stabilité et de grandeur pour le pays. Chez l'individu pénètre l'idée de l'obligation contractée, du droit du prochain à respecter et du secours réciproque à fournir. Le travailleur sera moralisé par l'esprit de famille qui régnera dans la société de secours mutuels. La solidarité d'honneur et de bonne conduite qui en fait la base l'engagera personnellement et lui servira à l'occasion de règle et de frein. Il aura enfin l'amour-propre de ne jamais se présenter au bureau de bienfaisance.

A d'autres points de vue encore, la mutualité est salutaire. Aux favorisés de la fortune elle donne un moyen d'employer intelligemment leurs largesses, alors que celles-ci risquent de s'égarer quelquefois dans des œuvres discutables. On sait quel faible profit moral laissent après elles les distributions de bienfaisance. Si, au contraire, on ne secourt que celui qui fait personnellement un effort, et c'est le cas dans l'organisation mutualiste, le bénéficiaire associe au souvenir de l'aide obtenue l'idée du sacrifice que lui-même a accompli. Aider les gens, mais à la condition que ceux-ci prendront l'initiative de l'effort, ceci est plus fécond comme conséquences morales et matérielles qu'un don accordé en passant à un inconnu qui ne se souviendra bientôt plus ni du bienfait, ni du bienfaiteur.

On s'est efforcé d'étudier, dans ces derniers temps, de certain côté de l'opinion, tout le parti qu'il était loisible de tirer des œuvres mutualistes ; aussi semblent-elles maintenant, nous l'avons dit, la forme par excellence d'amélioration sociale préconisée par la morale laïque au nom de l'idée philosophique de solidarité. Nous verrons plus loin sous quelles couleurs la Ligue de l'Enseignement notamment présente à l'enfance française, sur les bancs de l'école, la pratique de la mutualité La destruction de l'idée religieuse étant effectuée, il importe pour le parti radical et libre penseur de remplacer la vieille morale chrétienne et les œuvres qui en découlent, par une nouvelle morale sociale, comportant des applications pratiques et destinée à démontrer au public qu'on est supérieur à ses devanciers dans la façon de prévenir ou de guérir les misères humaines. De là la mise à la mode, par exemple, de la lutte contre l'alcoolisme et le développement de certaines œuvres d'assistance auxquelles nous sommes d'ailleurs les premiers à applaudir ; de là aussi la propagation des idées de mutualité en vue de l'amélioration du sort du plus grand nombre ; mais, à ce propos, si nous n'y prenions garde, on tendrait volontiers à nous faire croire que l'on a inventé tout récemment les sociétés de secours mutuels.

Il est possible que, dans la pensée du parti radical, cette sorte d'association, en raison de son but humanitaire, soit destinée à servir de terrain de rapprochement avec les socialistes. Il est plus vraisemblable de supposer que le but caché de la campagne de propagande à laquelle nous assistons soit de faire diversion à certaines revendications gênantes. Mais, outre que, dans l'organisation mutualiste actuelle, la notion de classe est maintenue par la présence des membres honoraires, ce qui ne saurait plaire à tout le monde, nous ne saurions oublier, pas plus que les socialistes, qu'en voulant faire de la mutualité l'assise de la société nouvelle, on détourne les yeux du public d'une question autrement importante, qui est, après tout, la grande, la seule affaire : l'organisation du travail. Si l'on ne cherche pas à combiner avec ses nécessités les diverses modalités des institutions mutualistes, ainsi que nous essaierons plus loin de l'indiquer, on ne fuit qu'apporter un dissolvant dans des efforts qui ont, au contraire, besoin d'être étroitement unis et maintenus en vue du but à atteindre.

Section V

Une question instructive, mais qui demanderait une enquête délicate, consisterait à déterminer les causes qui ont présidé à la naissance de telles ou telles sociétés de secours mutuels, quels en ont été les fondateurs et, s'il y a lieu, à quelles opinions ou tendances elles obéissent plus ou moins tacitement. A côté du bienfait économique et humanitaire, il n'est pas défendu de supposer, sans faire injure à personne, que les mutualistes, qui sont des citoyens, mêlés à la lutte des partis, peuvent poursuivre, à l'occasion, et par le seul fait de leur réunion, un but secondaire non avoué publiquement, politique, religieux ou antireligieux, dépendant de telle ou telle conception sociale. Parfois même les troupes inconscientes suivront les chefs sans se douter de l'arrière-pensée qui existera chez ces derniers au sujet de l'usage qu'ils comptent faire de l'influence et de l'autorité résultant de leurs fonctions. Hâtons-nous de dire que jusqu'à présent la grande majorité des sociétés semble bien se confiner dans les questions techniques de mutualité. C'est plutôt sur leur recrutement et leur composition qu'il y a lieu de faire quelques remarques.

Ouvrons l'Annuaire officiel. Que voyons-nous au chapitre des sociétés approuvées ? D'abord, il est vrai, un grand nombre d'associations à caractère professionnel, particulièrement dans les villes et créées dans les corps de métiers : bouchers, menuisiers, charpentiers, ébénistes, imprimeurs, graveurs, peintres, tailleurs, etc. Ce sont aussi les plus anciennes, car nous avons vu qu'elles continuent fréquemment la tradition des vieilles confréries, issues elles-mêmes des corporations. Encore est-il malaisé d'en supputer le chiffre, sous la quantité de noms de saints qui leur servent de désignation et qui sont plus ou moins les patrons religieux de la corporation, tels que saint Crépin pour les cordonniers, saint Laurent pour les bouchers, saint Joseph pour les charpentiers, saint Vincent pour les vignerons, etc.

Parmi les sociétés à caractère professionnel, relevons encore celles plus récentes des employés de magasins, hommes et femmes, des ouvriers et employés d'usines, des voyageurs de commerce, des ouvriers et employés des compagnies de chemins de fer, des employés d'octroi, des compagnies d'assurances, etc. Quelques-unes n'ont en vue que la retraite, mais n'en sont pas moins des mutualités, presque toujours florissantes en raison de l'union et de la communauté d'intérêts existant entre leurs membres. Les carrières libérales, enfin, parmi les sociétés professionnelles, donnent un contingent notable : associations de médecins, de pharmaciens, de peintres, de musiciens, d'artistes lyriques ou dramatiques, etc. Notons en passant, pour y revenir plus tard, que les mutualités à caractère professionnel semblent d'ores et déjà avoir le plus bel avenir. Ne convient-il pas d'ailleurs d'y comprendre les sociétés de secours mutuels fondées dans les campagnes et qui se composent presque exclusivement d'agriculteurs ? Or, c'est surtout là, maintenant, que le mouvement mutualiste semble devoir porter des fruits nouveaux et appréciables.

Après les associations à caractère professionnel, viennent les sociétés à enseigne, sinon à esprit confessionnel. Dans les villes comme dans les campagnes, il semble que les noms de tous les saints du calendrier aient été employés à désigner des sociétés de secours mutuels. A Lyon, à Marseille, à Bordeaux, à Lille, comme à Paris, elles foisonnent, pour ainsi dire ; mais il faudrait une longue étude pour démêler si les sociétés ainsi désignées ont un caractère confessionnel ou seulement professionnel ; si, ayant eu le caractère confessionnel au début, avec nombre de pratiques pieuses, elles l'ont perdu au point de ne conserver qu'une vague célébration de fête patronale, prétexte à banquet. Quelles sont, parmi ces sociétés, celles qui sont paroissiales et qui représentent telle ou telle œuvre charitable ? Lesquelles, sous un, nom de saint, se contentent de réunir les habitants d'un même village ou quartier de ville, sans distinction de croyance, sans avoir conservé aucune attache religieuse ? Nous ne nous chargeons pas de le démêler.

Le caractère confessionnel peut d'ailleurs être exploité très utilement pour stimuler le zèle de toute une catégorie de membres honoraires dont l'attention est éveillée par l'enseigne et ne le serait peut-être pas autrement. A Rouen, l'Emulation chrétienne, œuvre d'origine catholique, reconnue en 1864 comme établissement d'utilité publique, compte 3833 membres participants avec le nombre considérable de 937 membres honoraires. La Société protestante de prévoyance de Paris, reconnue également comme établissement d'utilité publique en 1857, compte 532 membres participants et 376 membres honoraires. C'est une des plus fortes proportions de membres honoraires que nous ayons rencontrées. Une société approuvée de Paris, la Bienfaisante israélite, compte 1 159 membres participants et 499 membres honoraires.

Ainsi, même parmi les sociétés approuvées, nous en trouvons, à caractère nettement confessionnel, c'est-à-dire, par un accord tacite, ne se recrutant respectivement que dans des religions déterminées, mais possédant toutefois, les plus récentes du moins ; dans leurs statuts, la clause que, dans leur sein, toute discussion religieuse ou politique est interdite. Ajoutons que, dans ces sortes. De sociétés autant qu'ailleurs, la mesure ne saurait être qu'excellente, les discussions religieuses entre coreligionnaires ne le cédant souvent pas en acrimonie aux discussions entre gens de confessions différentes.

La franc-maçonnerie, souvent considérée comme une vaste société de secours mutuels et l'étant effectivement, a aussi marqué de son empreinte bien des associations de ce genre. Si les frères payent une cotisation à leur loge, ils sont aussi secourus par elle quand ils tombent dans le besoin. En outre, si l'action politique et antireligieuse est devenue dans ces derniers temps, en France, la principale préoccupation du monde maçonnique, on ne peut nier que le côté humanitaire n'ait tenu une place importante dans son histoire. Si nous ajoutons à cette considération que certaines sociétés de secours mutuels ont commencé par être, nous l'avons vu, des sociétés secrètes ; que, dans nombre de sociétés urbaines ou rurales, les membres des loges s'efforcent d'occuper les places dans les conseils d'administration ; qu'enfin de hauts personnages publics, notoirement connus comme francs-maçons militants, sont d'ardents propagateurs de l'idée mutualiste, nous en conclurons que l'influence maçonnique a eu un contrecoup notable sur le développement mutualiste dans notre pays. On a cité des sociétés qui n'admettaient dans leur sein que des francs-maçons. Il est des noms de sociétés de secours mutuels qui nous renseignent déjà quelque peu à cet égard. Certaines dénominations assez vagues ont déjà un air de ressemblance avec celles des loges. Telles sont l'Humanité, l'Egalité, la Solidarité, la Concorde, l'Accord Sincère, la Parfaite Union, les Amis de la fidélité, les Droits de l'homme ;

mais, où le doute se change en certitude, c'est quand nous lisons des noms tels que la « Société Acacia. » Enfin, en raison de la fréquence d'appellations d'origine judaïque, dans le vocabulaire maçonnique, il est permis de se demander si les deux éléments, juif et franc-maçon, ne se partagent pas, dans une certaine proportion, des sociétés telles que les Enfants de Japhet, d'Isaac, de Sem, de Sion, les Vrais Amis des fils d'Abraham, la Société de Déborah.

Dans ces dernières années, l'association qui a poussé le plus activement au développement de la mutualité, en prenant les écoles primaires comme champ d'action, est sans contredit la Ligue de l'Enseignement, fondée par Jean Macé en 1866. Insister sur le caractère maçonnique de cette institution après les études. De M. Georges Goyau [7] serait superflu. Présidée par M. Buisson et, avant lui, successivement par M. Léon Bourgeois et M. Jacquin, conseiller d'Etat, elle compte, dans son comité directeur, des francs-maçons éminents et, parmi ses adhérents, des sociétés de secours mutuels qui se désignent elles-mêmes, dans le Bulletin de la Ligue, avec les trois points significatifs.

C'est au nom de la doctrine de la solidarité, mise à la mode par un de ses présidents, « les doctrines solidaristes qui, de plus en plus, constituent le fond de l'éducation populaire, la base sur quoi elle s'édifie [8], » que la Ligue de l'Enseignement a entrepris sa propagande en faveur de la mutualité scolaire. Celle-ci fait partie de nombreuses œuvres sociales, scolaires ou post-scolaires, patronages, associations d'anciens élèves, conférences, cours et universités populaires, que la Ligue s'efforce de développer parmi la jeunesse des écoles laïques. Si l'on consulte d'ailleurs, soit le Bulletin de la Ligue de l'Enseignement, soit les rapports officiels de M. Edouard Petit, inspecteur général de l'Instruction publique et membre actif de cette Ligue, on remarque que ligue et gouvernement agissent de concert en tout ce qui concerne les questions d'éducation populaire.

L'idée de la mutualité scolaire n'est cependant pas entièrement neuve. En 1849, dans leurs écoles de La Rochelle, et, en 1855, dans celles de Dunkerque, les Frères de la Doctrine chrétienne firent des essais de mutualité scolaire. A Marseille, en 1869, les Filles de la Charité instituèrent une œuvre analogue qui, d'ailleurs, n'a pas été poursuivie.

C'est à l'initiative de M. Cave, ancien juge au Tribunal de la Seine, vice-président de la Ligue de l'Enseignement, que l'on doit cette floraison étonnante de mutualités scolaires qu'on se plaît à appeler par reconnaissance « les Petites Cave. » Vers 1896, commença la campagne de conférences et de presse. Le ministère de l'Instruction publique ne cessa, depuis ce moment, de se montrer favorable au mouvement. Les instituteurs furent invités à y prêter le concours le plus actif. En 1900-1901, il y eut sept missions mutualistes, confiées à des professeurs de l'enseignement secondaire, chargées de parcourir le territoire et de pousser partout au développement des mutualités scolaires.

« Les sociétés de secours mutuels instituées par. M. Cave, dit M. Edouard Petit dans son rapport déjà cité, ont pour principal objet d'initier les enfants au mécanisme de l'épargne et de la solidarité. Elles les inclinent, par une souscription intelligemment consentie et méthodique, à grossir les rangs des troupes déjà formées et entraînées. »

Plus loin viennent des chiffres montrant que tant d'efforts ont eu un plein succès : « En 1895-1896, la mutualité scolaire comprenait 10 groupements à peine ; en 1896-1897, 110 ; en 1897-1898, 400 ; en 1898-1899, 871 ; en 1900, 1 497. En 1900-1901, à la date du 31 mars, 2 017 « Petites Cave » sont organisées, englobant 12 000 écoles, s'étendant à plus de 500 000 [9] écolières et écoliers qui ont versé environ *trois millions de francs* dont *sept cent mille* ont servi au paiement des journées de maladie données non pas comme aumône, par charité, mais à titre de restitution, d'aide réciproque, par solidarité, par fraternité enfantine. » M. Petit oublie que dans ces chiffres sont comprises les cotisations des membres honoraires et qu'il est difficile de leur attribuer le caractère précis de mutualité dont il parle. Ici encore nous retrouvons l'équivoque décidément chère au parti et au moyen de laquelle, passant sous silence l'acte de bienfaisance qui est le fait des membres honoraires, on exalte, au contraire, exclusivement ce qui serait de la pure fraternité entre membres participants, alors que, si l'on veut bien ne pas se payer de mots, cet acte fraternel est avant tout un contrat d'assurance mutuelle, chacun ne donnant qu'à la condition de recevoir.

Le même rapport signale « l'immense effort » réalisé en 1900-1901 par les écoles congréganistes en vue de développer leurs œuvres sociales, au premier rang desquelles se place la mutualité scolaire. Le congrès catholique international de 1900, le congrès régional de Lille (1900), de Montluçon (1901), ont préconisé le développement des sociétés scolaires. Celles-ci, « placées sous le patronage de la Société générale d'éducation et d'enseignement, dotées par elle des imprimés nécessaires à leur fondation et à leur fonctionnement, ont obtenu en 1900-1901 un rapide succès. » Des chiffres montrent ensuite que les écoles congréganistes semblent entrer résolument dans la voie ouverte par les écoles laïques. C'est une question d'ailleurs primordiale pour les premières de ne pas se laisser distancer dans des œuvres dont la popularité est indéniable et dont l'absence ne tarderait pas à constituer pour elles une cause d'infériorité.

Il ne nous déplaît pas de voir les écoles de l'État et les écoles libres rivaliser d'ardeur dans l'œuvre de la mutualité. Les enfants prendront dans les unes et dans les autres le goût de l'épargne et de la prévoyance. Souhaitons que, plus tard, ils se retrouvent tous mêlés ensemble au sein des mutualités professionnelles.

Comment, sur ce terrain, de même que sur tant d'autres, échapper à l'influence des luttes politiques et religieuses ? Pour en revenir aux sociétés d'adultes, quand on en parcourt les noms variés, significatifs et souvent pittoresques, n'y trouve-t-on pas comme un miroir des divers partis dont les chocs successifs forment l'histoire de la France depuis cent ans ?

Outre les sociétés à caractère professionnel ou confessionnel, nous en trouvons nombre d'autres qui ont été créées au hasard du courant des idées. Il y a d'abord les sociétés municipales dues à l'initiative de fonctionnaires ou de particuliers sur lesquels l'estampille officielle a gardé son prestige. Cette forme de la mutualité rassemble entre eux des hommes de profession, de milieux et d'intérêts différents. Les membres honoraires en sont souvent recrutés parmi les personnes ayant des attaches officielles, et il ne semble pas que ce soit là l'idéal d'une démocratie où les associations, issues de l'initiative privée, doivent garder leur complète indépendance vis-à-vis de pouvoirs publics éphémères. Ce type d'association, de formation artificielle, sera toujours inférieur à celui de l'association professionnelle, et, quand ce sera possible, on devra s'efforcer de substituer l'une à l'autre. Le décret-loi de 1852 investissait le maire et le curé du soin de créer des sociétés de secours mutuels. La conception impériale du maire et du curé, en 1852, ne répond plus maintenant à la même réalité sociale. Ce qui représentait alors un progrès dans la voie de l'initiative, quelque officielle qu'elle pût être, constitue un recul, maintenant que, remettant en honneur l'idée corporative, la loi de 1884 sur les syndicats professionnels a confié à la démocratie émancipée le soin de s'organiser elle-même.

Il en va de même de toute société de secours mutuels se recrutant dans un quartier urbain, dans une ville, dans une circonscription déterminée, ou même sur l'ensemble du territoire, au hasard des relations de ses fondateurs, réunion à laquelle manque le lien puissant des mêmes intérêts professionnels et des mêmes risques courus. Ces sociétés ne valent que par le président ou le secrétaire qui leur consacrent leur temps et leur bonne volonté, que par le conseil d'administration qui en gère plus ou moins ingénieusement les intérêts financiers. Si la cheville ouvrière vient à manquer, il est à craindre que l'œuvre créée ne se survive pas à elle-même.

D'autres associations sont fondées sur le souvenir de quelque circonstance mémorable qui a autrefois réuni ses divers membres : telles sont les mutualités créées entre anciens combattants de la même campagne, motif assurément des plus honorables, mais ces sociétés vivent… autant que leurs membres. Ce ne sont pas de vraies institutions sociales. Il en est d'autres enfin dont la création n'est due qu'à la fantaisie de quelques-uns qui, un jour, ont voulu être présidents ou secrétaires de quelque chose. Si l'on admire avec juste raison l'accroissement du nombre des sociétés de secours mutuels, combien parmi elles meurent au bout de quelques années ou vivotent misérablement faute d'une intelligente administration et ne procurent aucun avantage à leurs membres !

En résumé, éparpiller les efforts des hommes de bonne volonté ; semer au hasard les sommes provenant des cotisations, fruit de l'épargne des travailleurs ou des largesses des membres honoraires ; créer des œuvres artificielles et éphémères, alors qu'il devrait s'agir d'institutions sociales durables : tel semble être le grand danger de la mutualité à l'heure présente. De cet état anarchique, n'y a-t-il pas lieu de redouter directement ou indirectement des conséquences fâcheuses au point de vue de l'organisation du travail dans notre pays ? Ne serait-il pas urgent, au contraire, pour le plus grand avantage du monde ouvrier et pour le bien général, de coordonner ensemble le mouvement mutualiste et le mouvement syndical ?

Section VI

Ainsi que l'a écrit M. Charles Benoist, la « cellule » de l'État enfin réorganisé, ce sera l'association professionnelle [10]. D'autre part, M. Le Cour Grandmaison, examinant la question dans ses conséquences, pouvait dire : « Partout où il (le mouvement corporatif) est sorti de la phase chaotique, il constitue le plus insurmontable obstacle aux progrès du collectivisme et de la révolution cosmopolite ; à tous ces points de vue, il mérite d'appeler l'attention de ceux qui se préoccupent des dangers de la société moderne. Il donne les solutions les plus pratiques pour l'organisation de l'assistance mutuelle, pour la régularisation de l'offre et de la demande, pour la réglementation du travail et autres problèmes qui intéressent à juste titre les générations actuelles [11]. »

La question de la nécessité d'une organisation professionnelle a fini, dans ces dernières années, par réunir des hommes venant de tous les pôles politiques. Le syndicat, en vertu de la récente législation, en est aujourd'hui la forme ; mais doit-on le concevoir comme un groupement accidentel ou permanent de travailleurs réunis dans l'unique dessein de faire triompher des revendications concernant les questions de salaire et de travail ? C'est le tort de beaucoup de personnes de s'imaginer que telle est la seule raison d'être du syndicat, alors que l'article 6 de la loi du 21 mars 1884 contient le paragraphe suivant : « Ils (les syndicats professionnels) pourront, sans autorisation, mais en se conformant aux autres dispositions de la loi, constituer entre leurs membres des caisses spéciales de secours mutuels et de retraites. » D'autre part, l'article 40 de la loi du 1er avril 1898 sur les sociétés de secours mutuels est ainsi conçu : « Les syndicats professionnels constitués légalement aux termes de la loi du 21 mars 1884, qui ont prévu dans leurs statuts les secours mutuels entre leurs membres adhérents, bénéficièrent des avantages de la présente loi, à la condition de se conformer à ses prescriptions. » — Nous ne faisons en somme que demander l'application, aussi étendue que possible, de mesures déjà prévues par la loi, mais encore insuffisamment généralisées Concevoir en effet le syndicat professionnel sans institution de prévoyance, c'est imaginer un corps sans âme. Le syndicat de l'avenir, l'association professionnelle, telle que nous la comprenons, c'est avant tout un organe de représentation du métier, mais c'est encore mieux qu'un instrument de défense économique ; c'est un organisme pourvu de toutes ses fonctions. Sur ce groupement primordial, créé en vue de défendre les intérêts professionnels, au premier rang desquels on doit placer les questions de salaires, d'heures et d'organisation du travail, nous voulons voir se greffer toutes les œuvres propres à assurer le bien-être moral et matériel du travailleur, c'est-à-dire les institutions de prévoyance, de crédit et de coopération. Ce sera d'abord un moyen d'attirer l'ouvrier que de lui montrer un intérêt personnel, immédiat et permanent attaché à son affiliation à un syndicat, et l'on cite mainte importante association de ce genre, soit à l'étranger, soit en France, dont l'origine est due précisément à la fondation d'un premier noyau sous la forme d'œuvre de prévoyance. Notons en passant l'économie qui devra en résulter, entraînant avec elle la réduction du montant des cotisations, si l'on arrive à fusionner personnel et locaux servant aux diverses institutions syndicales.

Quand, d'autre part, les membres de l'association en dirigeront eux-mêmes les diverses branches, lorsqu'on aura chargé de cette mission précisément les plus intelligents et les plus sérieux d'entre les travailleurs, que ces élus auront conscience de leur responsabilité et auront acquis, par leurs fonctions, une autorité légitime, ils ne manqueront pas d'être écoutés de préférence aux agitateurs. Les questions de politique pure laisseront de plus en plus indifférentes les associations professionnelles, et celles-ci ne risqueront plus la lutte avec le patronat que pour maintenir des revendications justifiées. Ainsi mettront-elles l'opinion publique de leur côté. Un jour même pourra arriver où les syndicats achèveront de dissiper tout soupçon de tendance révolutionnaire : ce sera quand, conformément à plusieurs projets de loi déposés sur le bureau des Chambres et non encore votés, ils auront obtenu la personnalité civile complète et la capacité commerciale. Le syndicat ouvrier possédant et accroissant un capital, disposant à l'occasion d'un cautionnement, reconnu capable d'intervenir pour la conclusion de contrats collectifs, le syndicat assagi, cherchant à éviter les conflits avec le patronat et à traiter aimablement avec lui, c'est peut-être un lointain idéal, mais cela ne se comprend que si, dans son sein, fleurissent les institutions propres à relever la condition intellectuelle, morale et matérielle du travailleur.

Bibliothèques, offices de placement, cours professionnels, locaux de réunions et de conférences mis à la disposition de l'association, combien d'éléments ne trouverait-on pas encore pour faciliter l'œuvre d'amélioration sociale vers laquelle nous devons tendre ?

L'association professionnelle intégrale telle que nous l'indiquons, par les idées de fraternité qu'elle développe et par la solidarité qu'elle comporte, est réellement la prolongation du foyer. La mutualité formée dans son sein entre frères, amis, camarades, soumis aux mêmes fatigues et aux mêmes dangers, est elle-même la plus haute expression de ce caractère familial. On s'y connaît, on n'y feindra pas la maladie, et la répartition des secours par les intéressés est une garantie contre l'intervention intempestive de l'assistance officielle qui, par la façon inintelligente dont elle s'exerce, peut devenir un agent de démoralisation. A ceux qui n'ont pas de famille, ou qui en sont éloignés par les circonstances, l'association professionnelle ainsi comprise en crée une nouvelle. Elle tire de son isolement le travailleur de l'usine et des champs qui n'a que ses bras pour vivre et lui rend confiance en la justice sociale. Elle est le lien entre la famille, aujourd'hui attaquée par les collectivistes, et une autre association plus vaste, faite de toutes les associations secondaires, la Patrie, combattue elle-même encore par la même école.

En terminant cette étude, nous nous permettrons d'émettre un vœu : c'est que l'Etat, qui subventionne actuellement toutes les sociétés de secours mutuels approuvées, réserve dorénavant ses faveurs aux seules mutualités professionnelles, sans toucher d'ailleurs aux anciens droits. Ce faisant, non seulement il aiderait à ce grand mouvement d'organisation du travail qui est l'avenir, mais il contribuerait à le doter, dès sa naissance, d'un puissant élément de pacification sociale.

Notes

1.	Cf. Histoire des corporations de métiers, et le Compagnonnage, par E. Martin Saint-Léon.

2.	Syndicats ouvriers, Fédérations, Bourses du travail, par Léon de Seilhac ; 1 vol. 1902.

3.	Chiffres arrêtés au commencement de 1902. Sur 2750000 membres, on compte environ 440 000 membres honoraires. Au 31 janvier 1903, le nombre des sociétés de toutes catégories était de 16 120, chiffre arrêté au ministère de l'Intérieur.

4.	Chiffres arrêtés au commencement de 1902. Sur 2750000 membres, on compte environ 440 000 membres honoraires. Au 31 janvier 1903, le nombre des sociétés de toutes catégories était de 16 120, chiffre arrêté au ministère de l'Intérieur.

5.	Discours de M. Léon Bourgeois, prononcé dans une réunion mutualiste et publié par le Musée social de février 1902.

6.	Le Mouvement socialiste du 1er août 1902.

7.	L'idée de patrie et l'humanitarisme, dans la Revue, 1900 et 1901.

8.	Rapport de M. Edouard Petit, inspecteur général de l'Instruction publique, sur l'éducation populaire en 1900-1901. Journal officiel du 19 août 1901.

9.	D'après le rapport officiel de 1902, il n'y avait, à la date du 31 décembre 1900, que 1389 sociétés scolaires, avec 32 756 membres honoraires et 346 932 membres participants.

10.	La Crise de l'État moderne, l'Organisation du Suffrage universel. Voyez la Revue des 1er juillet, 15 août, 15 octobre, 15 décembre 1895 ; — 1er avril, 1er juin, 1er août, 1er décembre 1896 ; l'Association dans la Démocratie, 1er juin 1899.

11.	Le mouvement corporatif en Europe : Revue du 15 février 1900.

ISBN : 978-1723536335

www.ingramcontent.com/pod-product-compliance
Lightning Source LLC
Chambersburg PA
CBHW070227260726
48658CB00006BA/2196